scuola - sikolwa	2
viaggio - kuhamba	5
trasporto - kwetfutsa	8
città - lidolobha lelikhulu	10
paesaggio - libala	14
ristorante - sitolo sekudla	17
supermercato - isuphamakethe	20
bevande - tinatfo	22
cibo - kudla	23
fattoria - lipulazi	27
casa - indlu	31
soggiorno - indzawo yamabonakudze	33
cucina - likhishi	35
bagno - likamelo lekugezela	38
stanza dei bambini - likamelo lemntfwana	42
vestiti - timphahla tekugcoka	44
uffico - lihhovisi	49
economia - umnotfo	51
professioni - tikhundla	53
attrezzi - emathulusi	56
strumenti musicali - insimbi yemculo	57
zoo - i-zoo	59
sport - temidlalo	62
attività - imisebenti	63
famiglia - umndeni	67
corpo - umtimba	68
ospedale - sibhedlela	72
emergenza - simo lesiphutfumako	76
terra - Umhlaba	77
orologio - liwashi	79
settimana - liviki	80
anno - umnyaka	81
forme - kubumbeka kwetintfo	83
colori - imibala	84
contrari - lokwehlukile	85
numeri - tinombolo	88
lingue - tilwimi	90
chi / cosa / come - ngubani / ini / njani	91
dove - kuphi	92

Impressum
Verlag: BABADADA GmbH, Nedderfeld 112 , 22529 Hamburg
Geschäftsführer / Verlagsleitung: Harald Hof
Druck: Books on Demand GmbH, In de Tarpen 42, 22848 Norderstedt

Imprint
Publisher: BABADADA GmbH, Nedderfeld 112 , 22529 Hamburg, Germany
Managing Director / Publishing direction: Harald Hof
Print: Books on Demand GmbH, In de Tarpen 42, 22848 Norderstedt

scuola
sikolwa

- dividere / hlukanisa
- lavagna / libhodi
- aula / likilasi
- cortile / ligceke lesikolwa
- insegnante / thishela
- carta / liphepha
- scrivre / bhala
- penna / ipeni
- scrivania / lideski
- righello / i-ruler
- libro / incwadzi
- alunni / umuntfu

cartella
sikhwama setincwadzi tesikolwa

portapenne
sikhwanyana semapenisela

matita
ipenisela

temperino
umshini wekulolo ipenisela

gomma
i-rubber

blocco da disegno
intfo yekudvweba

disegno
umdvwebo

pennelli
libhulashi lekupenda

scatola dei colori
libhokisi lekupenda

forbici
tikelo

colla
i-glue

libro degli esercizi
incwadzi yekutadisha

compiti
umsebenti wasekhaya

numero
inombolo

addizionare
hlanganisa

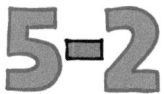

sottrarre
susa

moltiplicare
phindzaphidza

calcolare
bala

lettera
incwadzi

alfabeto
feleba

parola
ligama

scuola - sikolwa

testo
umbhalo

leggere
fundza

gesso
ishogo

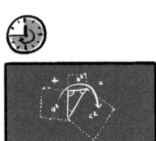
lezione
sifundvo

registro
i-register

esame
sivivinyo sekugcina

pagella
sitifiketi

uniforme
timphahla tesikolwa

istruzione
imfundvo

enciclopedia
i-ensaklopheda

università
inyuvesi

microscopio
sipopolo

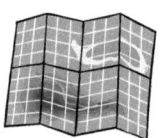
cartina
libalave

cestino
libhakede lekulahla emaphepha

scuola - sikolwa

viaggio
kuhamba

hotel
lihhotela

ostello
lihhostela

uffico di cambio
i-bureau de change

valigia
sikhwama setimphahla

automobile
imoto

Lingua
lulwimi

sì / no
yebo / cha

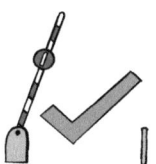

okay
Kulungile

ciao
sawubona

interprete
umhumushi

Grazie
Siyabonga

Quanto costa...?
ingumalini i....?

Non capisco
angivisisi kahle

problema
inkinga

buona sera
Lishonile!

Buongiorno!
Kusile!

Buonanotte!
Ulale kahle!

arrivederci
sala kahle

direzione
sicondziso

bagagli
umtfwalo

borsa
sikhwama

zaino
sikhwama lesigacwako

ospite
sivakashi

camera
likamelo

sacco a pelo
sikhwama sekulala

tenda
lithende

viaggio - kuhamba

Informazioni

imininingwane yetivakashi

spiaggia

ibhishi

carta di credito

likhadi lemali

colazione

kudla kwasekuseni

pranzo

kudla kwasemini

cena

kudla kwantsambama

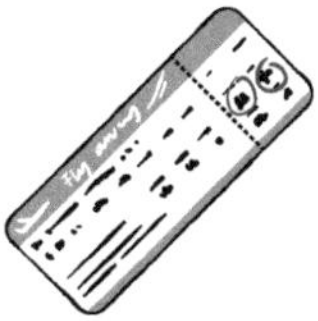

biglietto

lithikithi

ascensore

i-lift

francobollo

sitembu

confine

umcele

dogana

emakhasimende

ambasciata

i-embasi

visto

i-visa

passaporto

ipasipoti

trasporto
kwetfutsa

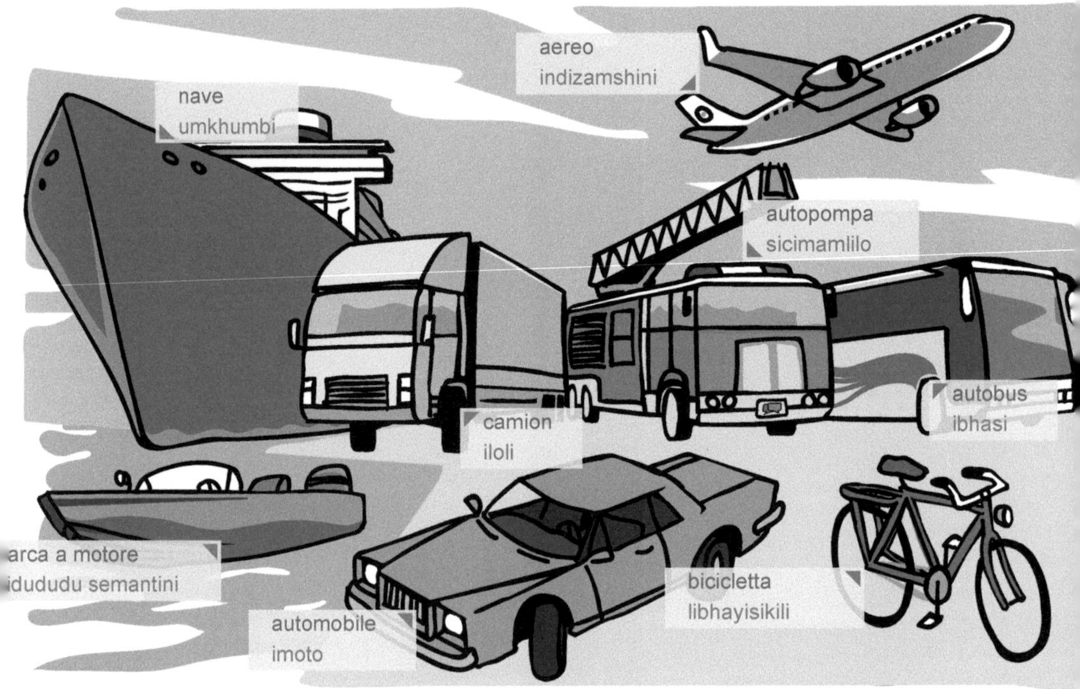

aereo
indizamshini

nave
umkhumbi

autopompa
sicimamlilo

autobus
ibhasi

camion
iloli

arca a motore
idududu semantini

bicicletta
libhayisikili

automobile
imoto

traghetto
i-ferry

barca
sikebhe

motocicletta
sidududu

auto della polizia
imoto yemaphoyisa

auto da corsa
imoto yemjaho

auto a noleggio
imoto yekucashisa

carsharing

kubolekana imoto

carro attrezzi

i-breadown

camion della nettezza urbana

iloli yetibi

motore

imoto

benzina

phethiloli

benzinaio

ligalaji laphethiloli

cartello stradale

luphawu lwemgwaco

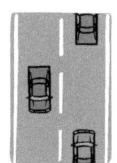

traffico

incumbi yetimoto

ingorgo

incumbi yetimoto letime emngwacweni

parcheggio

ipaki yemoto

stazione

siteshi sesitimela

binari

imizila

treno

sitimela

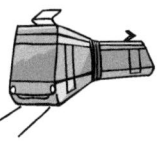

tram

i-tram

vagone

inkalishi

trasporto - kwetfutsa

elicottero
indiza lenaphephela emhlane

aeroporto
sikhungo setindiza

torre di controllo
imoto yekudvonsa letibhajiwe

passeggero
bagibeli

container
intfo yekutfwala

cartone
likhathoni

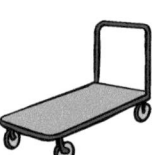
carretto
i-cart

cestino
bhasikidi

decollare / atterrare
kusuka / kwehla

città
lidolobha lelikhulu

paese
umuti

centro
ekhatsi nelidolobha

casa
indlu

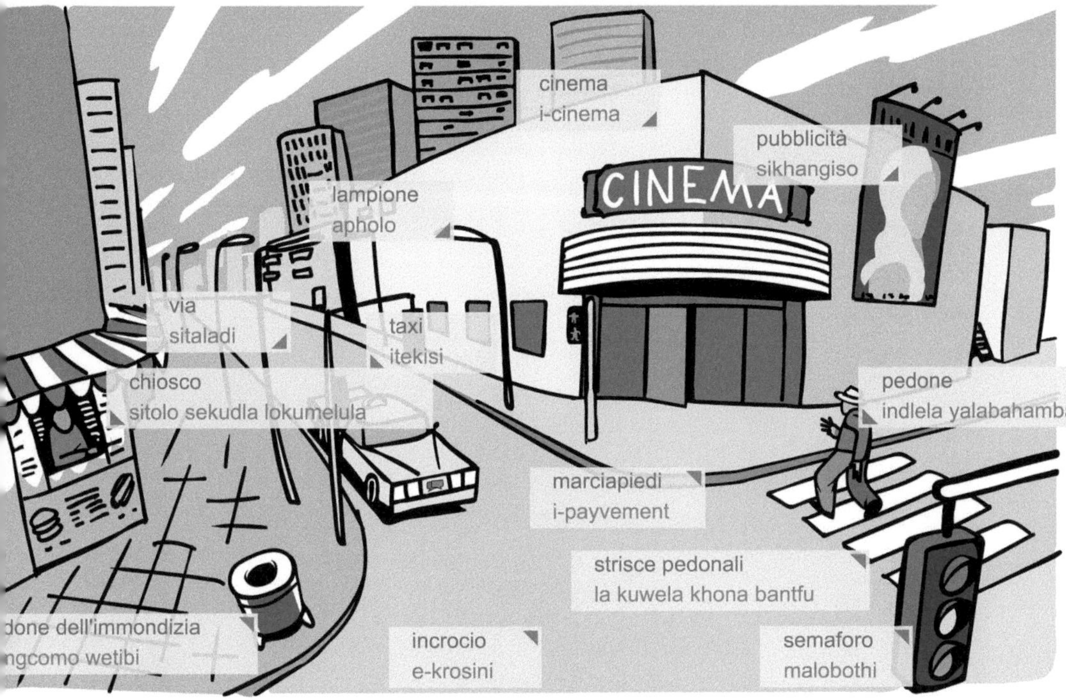

cinema
i-cinema

pubblicità
sikhangiso

lampione
apholo

via
sitaladi

taxi
itekisi

chiosco
sitolo sekudla lokumelula

pedone
indlela yalabahamba

marciapiedi
i-payvement

strisce pedonali
la kuwela khona bantfu

pattumiera / bidone dell'immondizia
ngcomo wetibi

incrocio
e-krosini

semaforo
malobothi

capanna
gucasthandaze

appartamento
lifulethi

stazione
siteshi sesitimela

municipio
lihholwa lasedolobheni

museo
imnyusiyamu

scuola
sikolwa

città - lidolobha lelikhulu

università
inyuvesi

banca
libhange

ospedale
sibhedlela

hotel
lihhotela

farmacia
ikhemisi

uffico
lihhovisi

libreria
sitolo setincwadzi

negozio
sitolo

fioraio
lotsengisa timbali

supermercato
isuphamakethe

mercato
imakethe

grande magazzino
litiko letitolo

pescheria
batsengisi betimfishi

centro commerciale
luchungechuge lwetitolo

porto
sikhungo

parco
lipaki

panchina
libhentji

ponte
libhuloho

scale
titezi

metropolitana
ngephansi kwemhlaba

galleria
umhume

fermata dell'autobus
siteshi sebhasi

bar
sitolo setjwala

ristorante
sitolo sekudla

cassetta delle lettere
libhokisi leliposi

segnale stradale
luphawu lwemgwaco

parchimetro
umshini lobala sikhatsi sekupaka

zoo
i-zoo

piscina
i-swimming pool

moschea
lisontfo lemasulumane

città - lidolobha lelikhulu

fattoria
lipulazi

inquinamento
kugcolisa umoya

cimitero
emathuna

chiesa
lisontfo

parco giochi
inkhundla yetemidlalo

tempio
lithempeli

paesaggio
libala

- foglia — licembe
- cartello — luphawu lwemgwaco
- strada — indlela
- prato — umshiya
- pietra — litje
- albero — sihlahla
- escursionista — lohamba indlela lendze ngetinyawo
- fiume — umfula
- erba — tjani
- fiore — imbali

valle
sihosha

collina
ligcuma

lago
lidanyana

bosco
lihlatsi

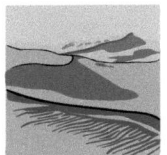

deserto
lihlane

vulcano
intsabamlilo

castello
umhlambi wetinkhomo

arcobaleno
umushi wenkhosatane

fungo
likhowa

palma
sihlahla semphayini

zanzara
imbuzulwane

mosca
kundiza

formica
intfutfwane

ape
inyosi

ragno
sayobi

paesaggio - libala

coleottero
inkhubabulongo

rana
sicoco

scoiattolo
chakijane

riccio
ingungumbane

coniglio
lolunye luhlobo lwalogwaja

civetta
sikhova

uccello
inyoni

cigno
i-swan

cinghiale
ingulube yesiganga

cervo
inyamatane

alce
i-moose

diga di sbarramento
lidamu

turbina eolica
i-wind turbine

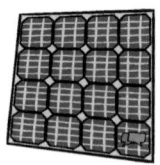

pannello solare
i-solar panel

clima
simo selitulu

paesaggio - libala

ristorante
sitolo sekudla

- cameriere / waiter
- menù / luhla lwekudla
- sedia / situlo
- zuppa / lisobho
- pizza / i-pizza
- posate / tipuni imimese netimfologo
- tovaglia / indvwangu yelitafula

antipasto
kudla lokusicalo

piatto principale
kudla locinile

dessert
idizethi

bevande
tinatfo

cibo
kudla

bottiglia
libhodlela

ristorante - sitolo sekudla

fast food
kudla lokusheshako

cibo di strada
kudla kwasemngwacweni

teiera
ligedlela lelitiye

zuccheriera
indishi yashukela

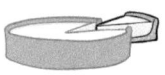

porzione
incenye

macchina del caffè
umshini we-espresso

seggiolone
situlo lesiphakeme

fattura
ibhili

vassoio
li-tray

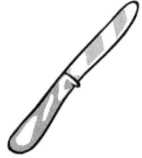

coltello
umukhwa

forchetta
imfologo

cucchiaio
sipuni

cucchiaino da tè
sipuni lesincane

tovagliolo
ithishu yetandla

bicchiere
ligilasi

ristorante - sitolo sekudla

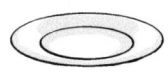
piatto
lipuleti

piatto fondo
lipuleti lelisobho

piattino
lipringi

salsa
i-sauce

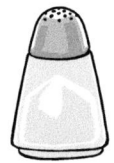
saliera
libhodvo lasawoti

macinino da pepe
i-pepper mill

aceto
niniga

olio
emafutsa awoyela

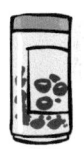 
spezie
tipayisi

ketch up
i-ketchup

senape
i-mustard

maionese
mayonasi

ristorante - sitolo sekudla

supermercato
isuphamakethe

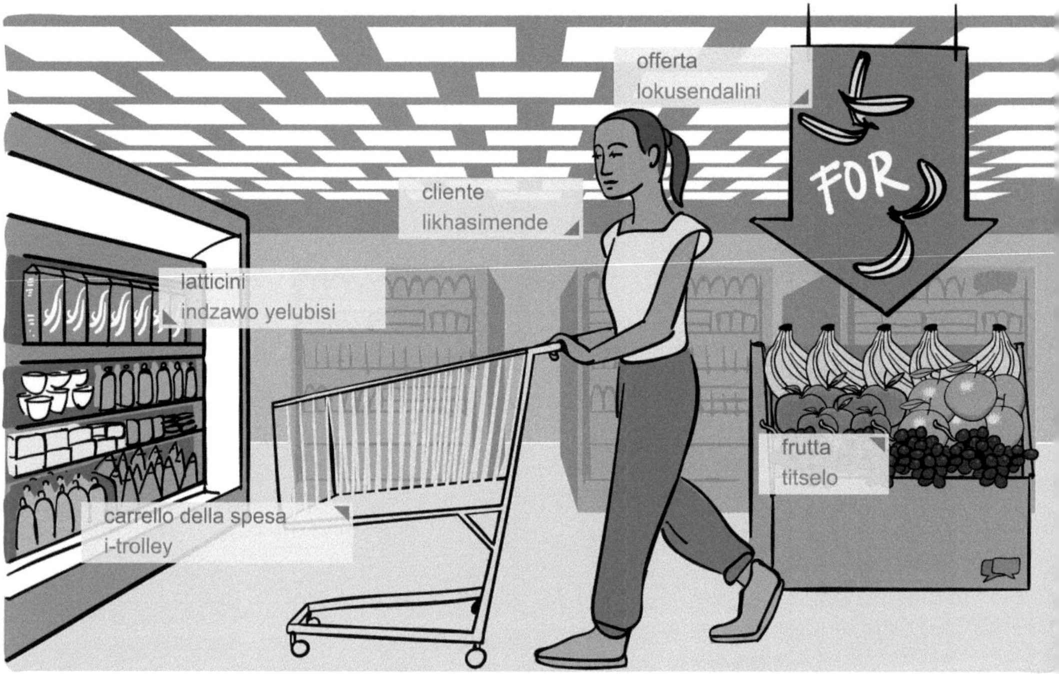

offerta
lokusendalini
FOR
cliente
likhasimende
latticini
indzawo yelubisi
frutta
titselo
carrello della spesa
i-trolley

BUTCHERS

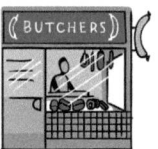

macelleria

ibhushari

BAKERY

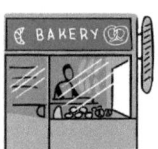

panetteria

i-baker

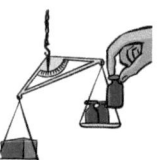

pesare

kala

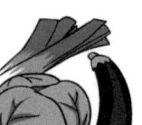

verdura

tibhidvo

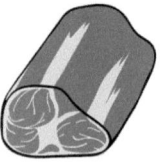

carne

inyama

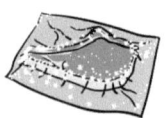

surgelati

kudla lokucandzisiwe

affettato
inyama lebandzako

conserve
kudla likusemathinini

detersivo
insipho yekuwasha

dolciumi
emaswidi

casalinghi
tintfo tasekhaya

detersivo
imitsi yekukolobha

commessa
umuntfu lotsengisako

cassa
endzaweni yekubhadala

cassiere
umtsengisi

lista della spesa
uhla lwetintfo tekutsengwa

orari d'apertura
ema-awa ekuvula

portafoglio
sipatji

carta di credito
likhadi lemali

sacchetto
sikhwama

sacchetto di plastica
sikhwama seshekhasi

supermercato - isuphamakethe

bevande
tinatfo

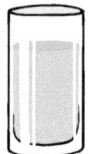
acqua
emanti

succo di frutta
ijuzi

latte
lubisi

coca-cola
ikhokhi

vino
liwani

birra
ibhiya

alcol
tjwala

cacao
ikhokho

tè
litiye

caffè
likhofi

espresso
i-espresso

cappuccino
i-cappuccino

cibo
kudla

banana
bhanana

mela
lihhabhula

arancio
liwolintji

melone
melon

limone
ilemoni

carota
emavondlela

aglio
galiki

bambù
i-bamboo

cipolla
anyanisi

fungo
emakhowa

noci
emantongomane

pasta
ema-noodles

spaghetti	riso	insalata
sipageti	lilayisi	isaladi

patatine fritte	patatine fritte	pizza
emashibusi	emazambane lafrayiwe	i-pizza

hamburger	sandwich	cotoletta
i-burger	isengwishi	inyama lefulawe netimvitsi tesinkhwa

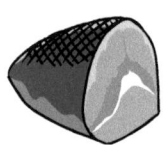

prosciutto	salame	salsiccia
i-ham	isalami	livosi

pollo	arrosto	pesce
inyama yenkhukhu	lokufrayiwe	imfishi

cibo - kudla

fiocchi di avena
i-oats

muesli
imusili

corn flakes
ema-cornflakes

farina
fulawa

croissant
ema-croissant

panino
sinkhwa

pane
sinkhwa

toast
linkhwa lesithosiwe

biscotti
emabhisikidi

burro
bhotela

quark
i-curd

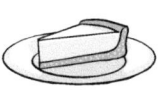

torta
likhekhe

uovo
emacandza

uovo al tegamino
emacandza lafulayiwe

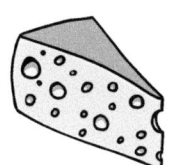

formaggio
ishizi

cibo - kudla

gelato	zucchero	miele
i-ice cream	shukela	luju

marmellata	crema gianduia	curry
jamu	shokolethi	ikheri

fattoria
lipulazi

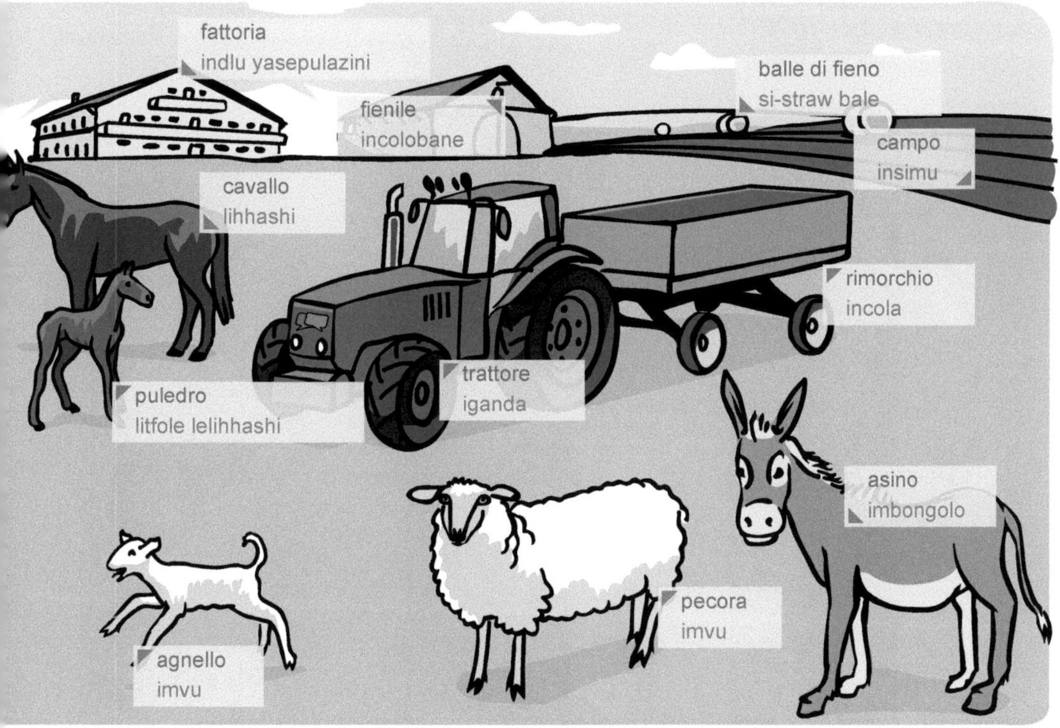

fattoria
indlu yasepulazini

fienile
incolobane

balle di fieno
si-straw bale

campo
insimu

cavallo
lihhashi

rimorchio
incola

trattore
iganda

puledro
litfole lelihhashi

asino
imbongolo

pecora
imvu

agnello
imvu

capra
imbuti

mucca
inkhomo

vitello
litfole

maiale
ingulube

porcellino
ingulutjana

toro
inkhunzi

oca
lihansi

anatra
lidada

pulcino
lintjwele

gallina
sikhukhukati

gallo
lichudze

ratto
ligundvwane

gatto
likati

topo
ligundvwane lelincane

bue
inkhunzi

cane
inja

cuccia
indlu yenja

tubo d'irrigazione
liphayiphi lemanti asengadzini

annaffiatoio
libhakede lemanti

falce
i-scythe

aratro
likhuba leganda

fattoria - lipulazi

falce
lisikela

zappa
likhuba

forcone
imfologo yetjani

accetta
lizembe

cariola
libhala

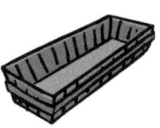

trogolo
litrofula

contenitore del latte
iromkani

sacco
lisaka

recinto
ifenisi

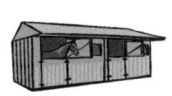

stalla
sitebele

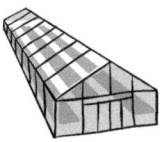

serra
indlu leluhlata

terreno
umhlabatsi

semina
imbewu

fertilizzante
sivundzisi

trebbiatrice
bavuni

fattoria - lipulazi

raccogliere
vuna

raccolto
sivuno

igname
i-yams

frumento
likhula

soia
isoyi

patate
lizambane

mais
sibhuluja sembila

colza
i-rapeseed

albero da frutta
sihlahla setitselo

manioca
bhatata

cereali
ema-cereals

fattoria - lipulazi

casa
indlu

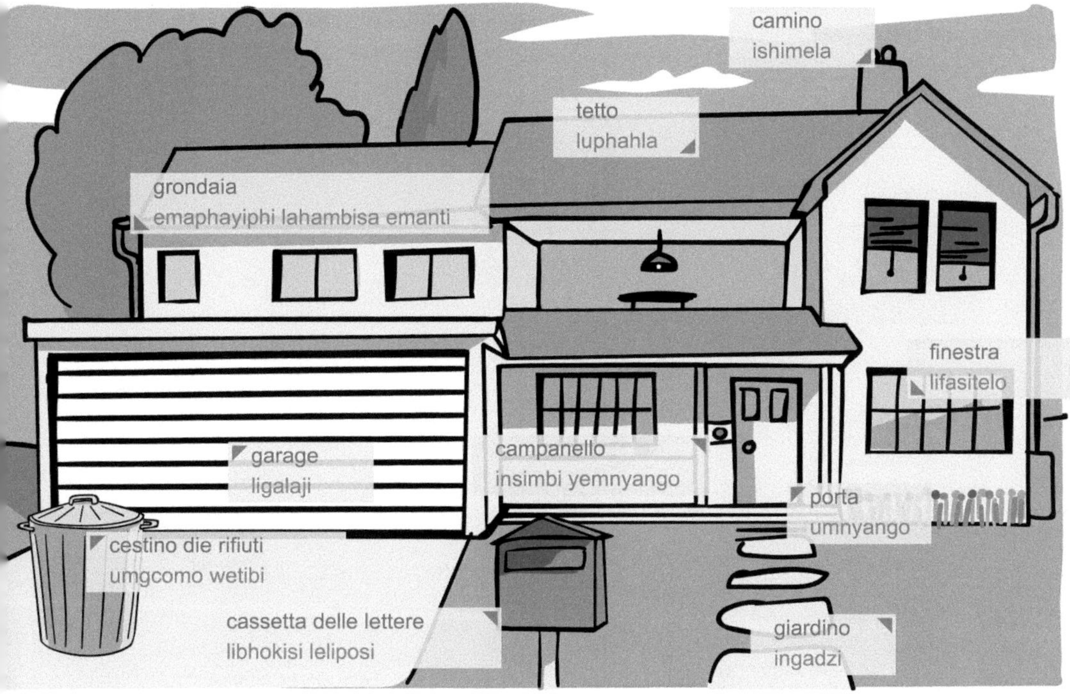

- camino — ishimela
- tetto — luphahla
- grondaia — emaphayiphi lahambisa emanti
- finestra — lifasitelo
- garage — ligalaji
- campanello — insimbi yemnyango
- porta — umnyango
- cestino die rifiuti — umgcomo wetibi
- cassetta delle lettere — libhokisi leliposi
- giardino — ingadzi

soggiorno
indzawo yamabonakudze

bagno
likamelo lekugezela

cucina
likhishi

camera da letto
likamelo

stanza dei bambini
likamelo lemntfwana

sala da pranzo
ligumbu lekudlela

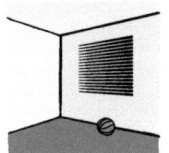

pavimento
siyilo

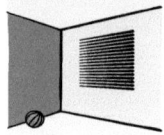

parete
lubondza

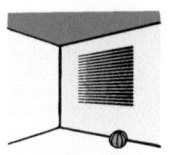

coperta
isilingi

cantina
i-cellar

sauna
i-sauna

balcone
umpheme

terrazza
libala

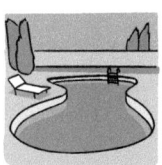

piscina
lidamu lekududa

tosaerba
umshini wetjani

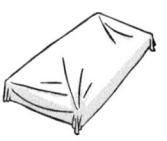

lenzuola
lishidi

coperta
ibhedspredi

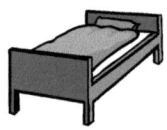

letto
umbhedze

scopa
umshanelo

cestino
libhakede

interruttore
iswishi

casa - indlu

soggiorno
indzawo yamabonakudze

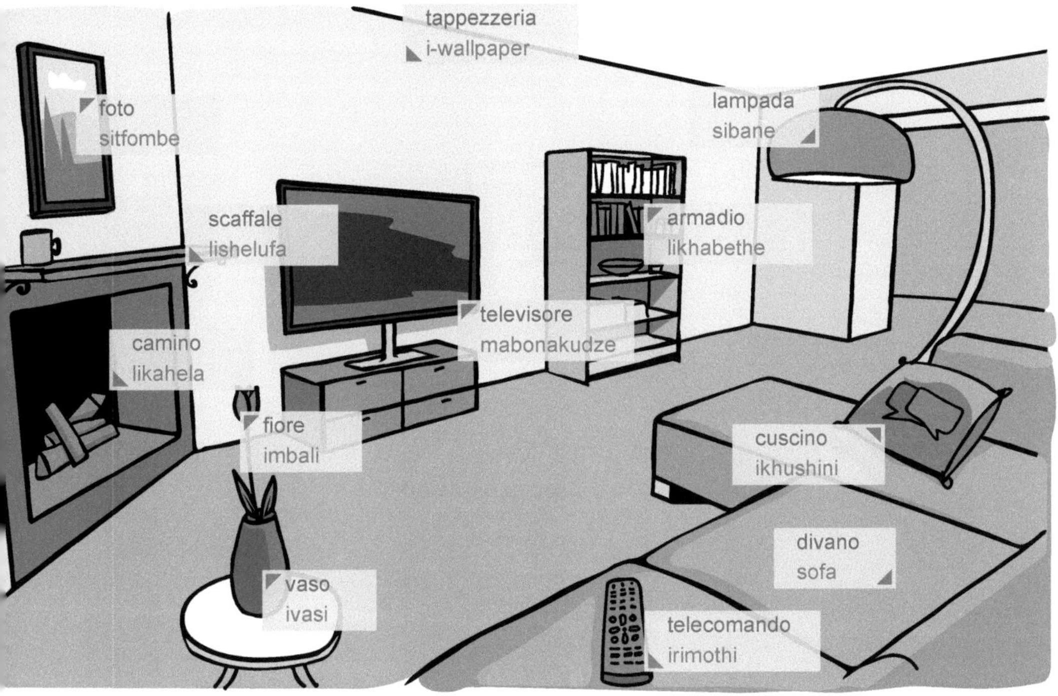

- tappezzeria / i-wallpaper
- foto / sitfombe
- lampada / sibane
- scaffale / lishelufa
- armadio / likhabethe
- camino / likahela
- televisore / mabonakudze
- fiore / imbali
- cuscino / ikhushini
- vaso / ivasi
- divano / sofa
- telecomando / irimothi

tappeto
imadi yendlu

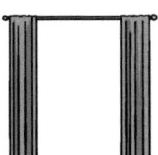

tenda
likhetheni

tavolo
litafula

sedia
situlo

sedia a dondolo
situlo sangephandle

poltrona
situlosemikhono

libro
incwadzi

coperta
ingubo

decorazione
umhlobiso

legna da ardere
tinkhuni tekubasa

film
lifilimu

impianto stereo
igumbagumba

chiavi
tikhiya

quotidiano
liphephandzaba

dipinto
pende

poster
likhadi laselubondzeni

radio
iwayilensi

taccuino
kwekutsa emaphuzu

aspirapolvere
i-hoover

cactus
sitjalo lokutsiwa yi-cactus

candela
likhandlela

soggiorno - indzawo yamabonakudze

cucina
likhishi

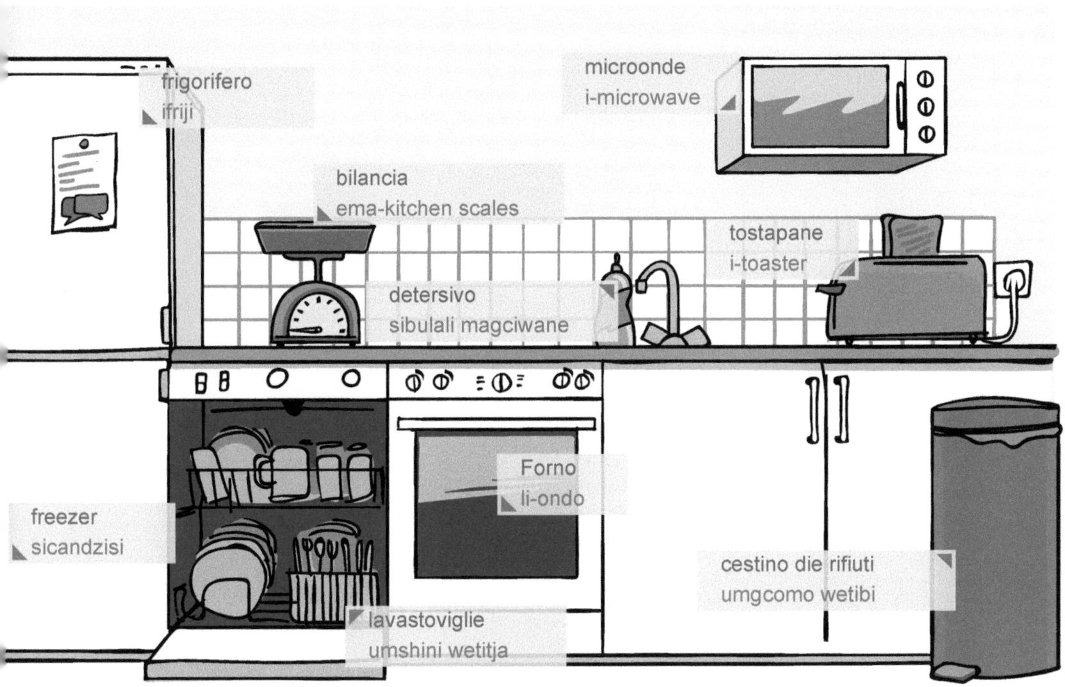

- frigorifero / ifriji
- microonde / i-microwave
- bilancia / ema-kitchen scales
- tostapane / i-toaster
- detersivo / sibulali magciwane
- Forno / li-ondo
- freezer / sicandzisi
- cestino die rifiuti / umgcomo wetibi
- lavastoviglie / umshini wetitja

fornello
umpheki

pentola
libhodvo

padella di ferro
i-cast-iron pot

wok / kadai
i-wok /kadai

padella di ferro
lipani

bollitore per l'acqua
ligedlela

	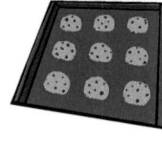	
Forno a vapore i-steamer	teglia lipani lekubhaka	stoviglie i-crockery

tazza imagi	buccia indishi	bacchette tindvukwana tekujuba

mestolo i-landle	paletta da cucina si-spatula	frusta i-whisk

scolapasta i-strainer	setaccio i-sieve	grattuggia formaggio i-grater

mortaio i-mortar	barbecue i-barbecue	focolare umlilo lovulekile

cucina - likhishi

tagliere
libhodi lekujuba kudla

mattarello
i-rolling pin

cavatappi
i-corkscrew

lattina
likani

apriscatole
lithulusi lekuvala likani

presina
intfo yekubeka emabhodvo

lavandino
izinki

spazzola
libhulashi

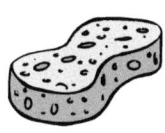

spugna
sipontji

frullatore
i-blender

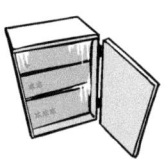

congelatore
i-deep freezer

biberon
libhodlela lemntfwana

rubinetto
impompi

cucina - likhishi

bagno
likamelo lekugezela

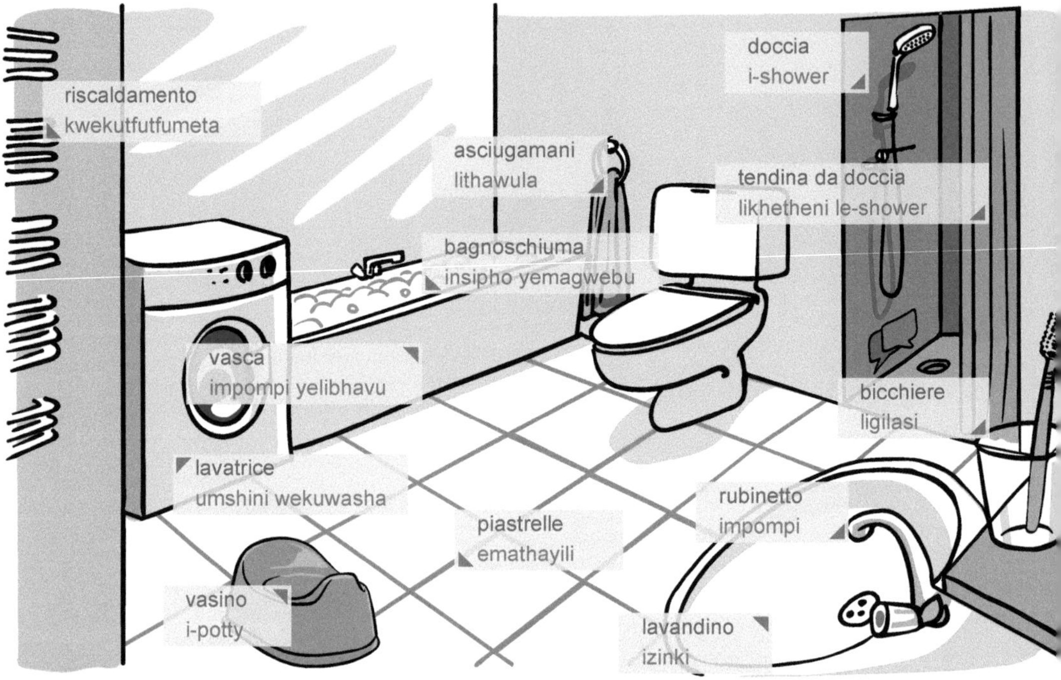

- doccia / i-shower
- riscaldamento / kwekutfutfumeta
- asciugamani / lithawula
- tendina da doccia / likhetheni le-shower
- bagnoschiuma / insipho yemagwebu
- vasca / impompi yelibhavu
- bicchiere / ligilasi
- lavatrice / umshini wekuwasha
- rubinetto / impompi
- piastrelle / emathayili
- vasino / i-potty
- lavandino / izinki

toilette
umthoyi

urinatoio turco
libhodvo lemthoyi

bidet
i-bidet

urinatoio
umnchamo

carta igienica
ithishu

spazzola da water
libhulashi lemthoyi

spazzolino da denti

libhulashi lematinyo

dentifricio

insipho yematinyo

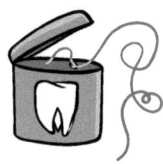

filo interdentale

intsambo yekuhlanta ematinyo

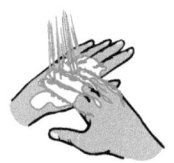

lavare

washa

doccetta

liphayiphu le-shower lelibanjwa ngetandla

doccia intima

i-douche

bacinella

i-basin

spazzola da bagno

libhulashi lemgogodla

sapone

insipho lecinile

gel da doccia

i-gel ye-shower

shampoo

insipho yemagwebu

manopola

i-flannel

scarico

kwekuhambisa emanti

crema

i-cream

deodorante

emakha emakhwapha

bagno - likamelo lekugezela

specchio
sibuko

specchio
sibuko lesincane

rasoio
i-razor

schiuma da barba
emagwebu ekushefa

dopobarba
kwegcobisa ngemuva kwekushefa

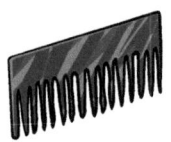

pettine
i-comb

spazzola
libhulashi

fon
kwekomisa tinwele

lacca
kwekufutsa tinwele

make up
kwekutimomonya

rossetto
i-lipstick

smalto
pende wetingalo

ovatta
i-cotton wool

forbice per unghie
sikelo setingalo

profumo
emakha

bagno - likamelo lekugezela

borsetta da bagno
ikhwama setintfo tekugeza

sgabello
situlo

bilancia
sikali sesisindvo

accappatoio
kwekugcoka nawugeza

guanti
emagilavu e-rubber

assorbente
i-tampon

assorbenti
lithawula lekuhlanta

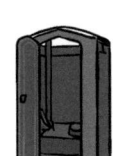

bagno chimico
imitsi yekukolobha umthoyi

bagno - likamelo lekugezela   41

stanza dei bambini
likamelo lemntfwana

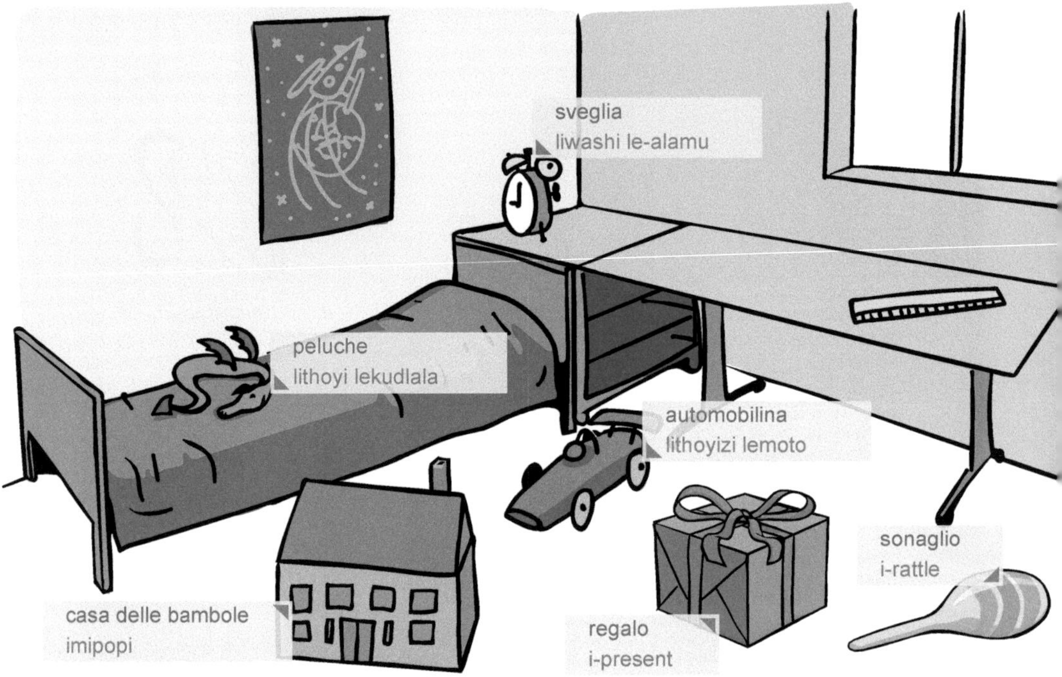

sveglia
liwashi le-alamu

peluche
lithoyi lekudlala

automobilina
lithoyizi lemoto

sonaglio
i-rattle

casa delle bambole
imipopi

regalo
i-present

palloncino
ibhaluni

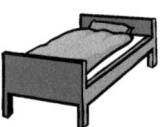

letto
umbhedze

passeggino
ipram

mazzo di carte
emakhadi ekudlala

puzzle
i-jigsaw

comic
i-comic

lego
emabloko e-lego

mattoncini
emabloko ekwakha

action figure
i-actionfigure

tutina
kukhula kwemntfwana

frisbee
i-frisbee

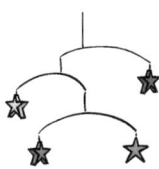
giostrina
i-mobile

gioco da tavolo
ibhodi yemdlalo

dadi
lidayisi

trenino
isethi yemathoyizi etitimela

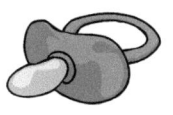
ciuccio
i-dummy

festa
i-party

libro illustrato
incwadzi yetitfombe

palla
ibhola

bambola
nodoli

giocare
dlala

stanza dei bambini - likamelo lemntfwana

sabbiera
umgodzi wemhlabatsi

altalena
umjikeli

giocattolo
emathoyizi

console
umshini wemdlalo wema-video

triciclo
masondvontsatfu

orsetto
umdoli welibhele

guardaroba
ihhodrobhu

vestiti
timphahla tekugcoka

calzini
emakawosi

calze
ema-stockings

collant
umtjopi

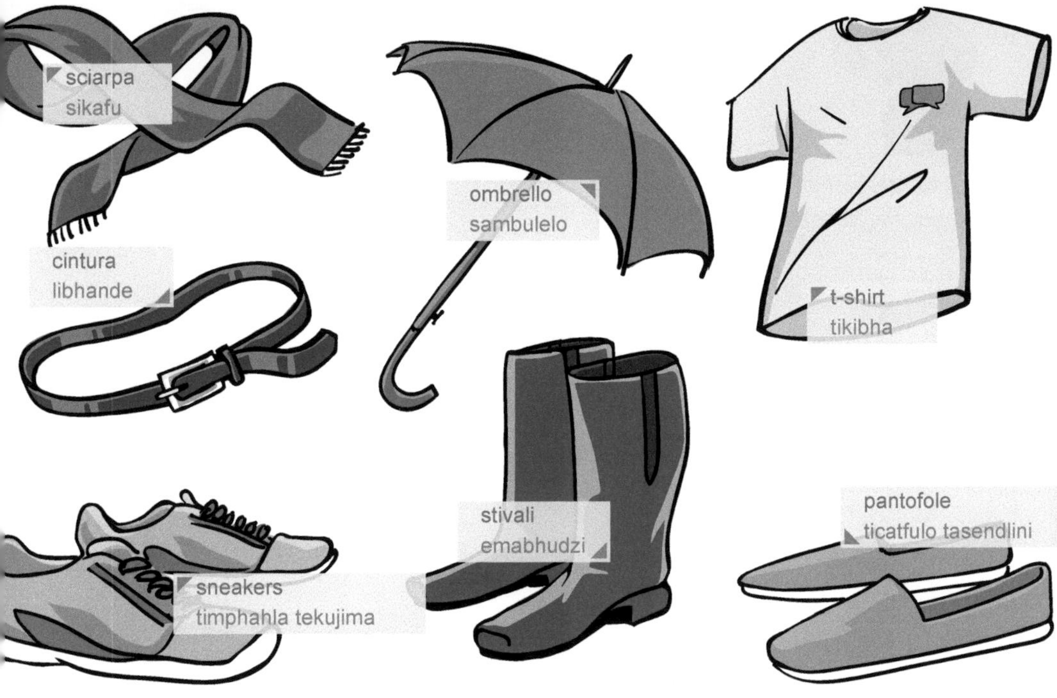

sciarpa
sikafu

ombrello
sambulelo

t-shirt
tikibha

cintura
libhande

stivali
emabhudzi

pantofole
ticatfulo tasendlini

sneakers
timphahla tekujima

sandali
tincabule

scarpe
ticatfulo

stivali di gomma
emabhudzi emvula

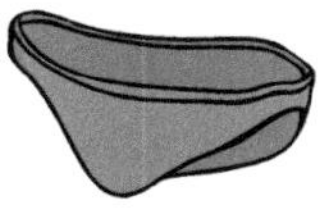

mutande
emabhuluko angephansi

reggiseno
ibhodi

canottiera
i-vest

vestiti - timphahla tekugcoka

body
umtimba

pantaloni
emabhuluko

jeans
ibhokathi

gonna
sikedi

camicetta
liblawosi

camicia
liyembe

pullover
i-pullover

felpa
i-hoodie

giacca
libhantji

giacca
silamba

cappotto
lijazi

impermeabile
lijazi lemvula

tailleur
i-costume

abito
lilogo

abito da sposa
likogo lemshado

abito (da uomo)
isudi

camicia da notte
i-gown yasebusuku

pigiama
emabhijamu

sari
i-sari

foulard
sikafu

turbante
i-turban

burka
i-burqa

kaftano
i-kaftan

abaya
i-abaya

costume da bagno
timphahla tekududa

costume da bagno (maschile)
ema-anda

pantaloncini
emabhuluko lamafishane

tuta da ginnastica
i-treksudi

grembiule
liphinifa

guanti
emaglavu

vestiti - timphahla tekugcoka

bottone

inkinobho

occhiali

tibuko

braccialetto

buhlalu

collana

umgaco

anello

indandatho

orecchino

emacici

berretto

likepisi

appendiabiti

i-hanger yelijazi

cappello

sigcoko

cravatta

thayi

zip

iziphu

casco

sivikelo senhloko

bretelle

kwekusekela sitfo semtimba

uniforme

timphahla tesikolwa

uniforme

inyunifomu

vestiti - timphahla tekugcoka

bavaglino
i-bib

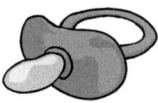
ciuccio
i-dummy

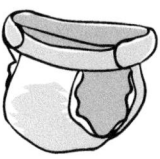
pannolini
linabukeli

uffico
lihhovisi

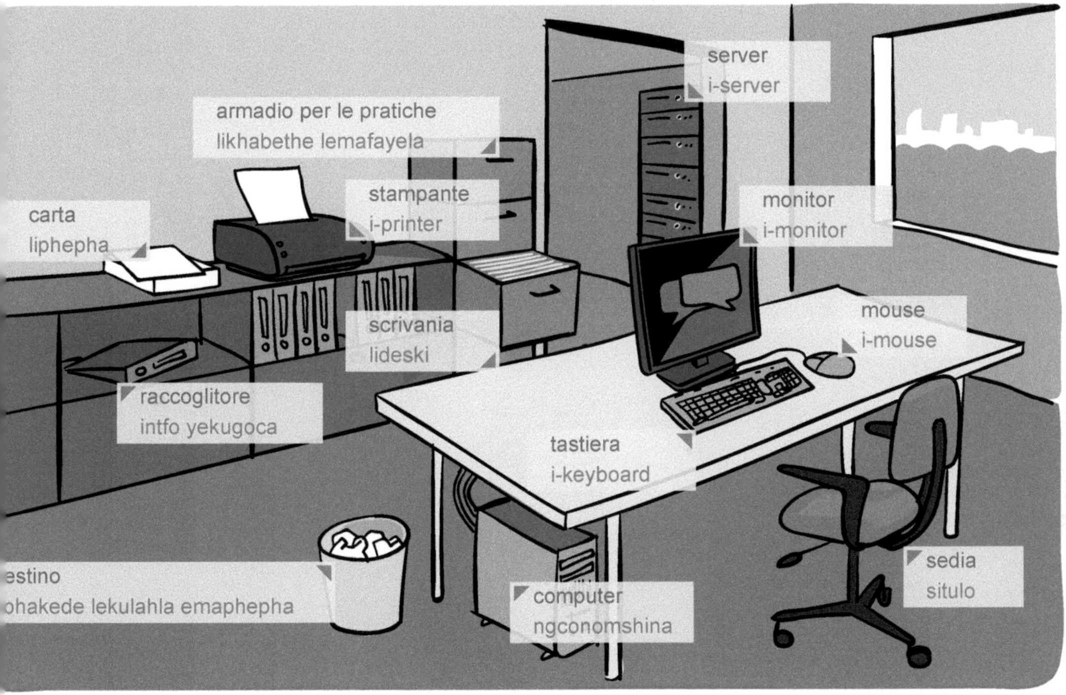

server
i-server

armadio per le pratiche
likhabethe lemafayela

stampante
i-printer

monitor
i-monitor

carta
liphepha

scrivania
lideski

mouse
i-mouse

raccoglitore
intfo yekugoca

tastiera
i-keyboard

cestino
sihlahlakede lekulahla emaphepha

computer
ngconomshina

sedia
situlo

tazza da caffè
likomishi lelikofi

calcolatrice
i-calculator

internet
i-inthanethi

portatile	lettera	messaggio
i-laptop	incwadzi	umlayeto

cellulare	rete	fotocopiatrice
i-mobile	i-network	umshini wekwenta emakhophi

software	telefono	spina
i-software	lucingo	liplaliki lagesi
	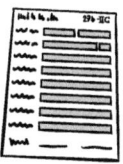	
fax	modulo	documento
umshini wekufeksa	lifomu	liphepha

uffico - lihhovisi

economia
umnotfo

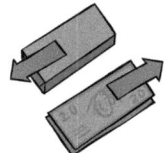
comprare
tsenga

pagare
bhadala

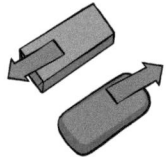
commerciare
beka imali

soldi
imali

dollaro
li-dollar

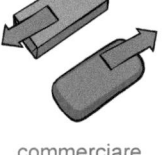
euro
li-euro

yen
li-yen

rublo
li-rouble

franco svizzero
i-Swiss franc

renminbi yuan
i-renminbi yuan

rupia
i-rupee

bancomat
umshini wemali

uffico di cambio
i-bureau de change

oro
ligolide

argento
lisiliva

petrolio
woyela

energia
emandla

prezzo
linani

contratto
sivumelwano

tassa
umtselo

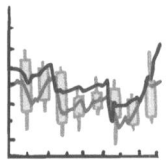

azioni
sitoko

lavorare
sebenta

impiegato
sisebenti

datore di lavoro
umcashi

fabbrica
ifemu

negozio
sitolo

economia - umnotfo

professioni
tikhundla

poliziotto
liphoyisa

vigile del fuoco
umcimimlilo

cuoco
umpheki

medico
dokotela

pilota
umshayeli wetindiza

giardiniere
losebenta engadzini

falegname
ummbati

sarta
umtfungi

giudice
mehluleli

chimico
khemisi

attore
umlingisi

professioni - tikhundla

autista dell'autobus	tassista	pescatore
umshayeli webhasi	umshayeli wekhumbi	umdvobi

donna delle pulizie	copritetto	cameriere
limedi	umfuleli	waiter

cacciatore	pittore	fornaio
umtingeli	mapendani	umbhaki

elettricista	operaio edile	ingegnere
gesana	meselane	sonjiniyela

macellaio	idraulico	postino
umtsengisi wenyama	somaphayiphi	lohambisa liposi

soldato
lisotja

architetto
umdvwebi wemapulani

cassiere
umtsengisi

fioraio
umtsengisi wetimbali

parrucchiere
losebenta ngetinwele

controllore
umbhidisi

meccanico
mekhenikha

capitano
kaputeni

dentista
dokotela wematinyo

scienziato
sosayensi

rabbino
rabi

imam
imam

monaco
monk

clerico
umfundisi

professioni - tikhundla

attrezzi
emathulusi

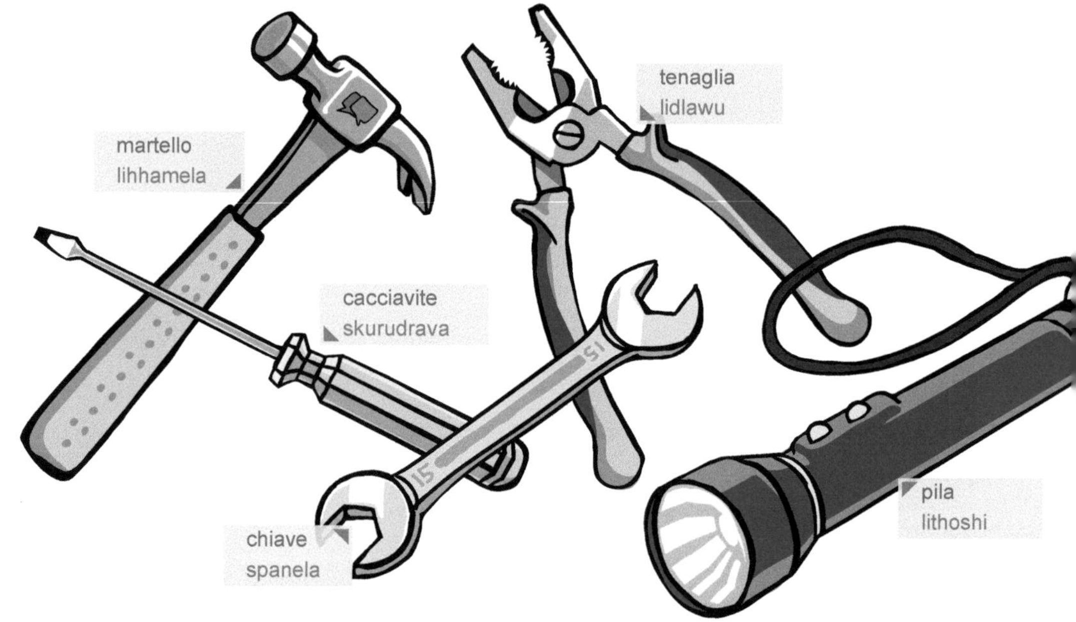

martello
lihhamela

tenaglia
lidlawu

cacciavite
skurudrava

chiave
spanela

pila
lithoshi

ruspa
lifosholo

cassetta degli attrezzi
libhokisi lemathulusi

scala
lilele

sega
lisaha

chiodi
tipikili

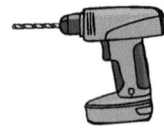

trapano
umshini wekwenta timbobo

riparare
lungisa

pala
lifosholo

Dannazione!
i-Damni!

paletta per l'immondizia
lipani lekuwola tibi

barattolo di colore
likani lapende

viti
tikruzi

strumenti musicali
insimbi yemculo

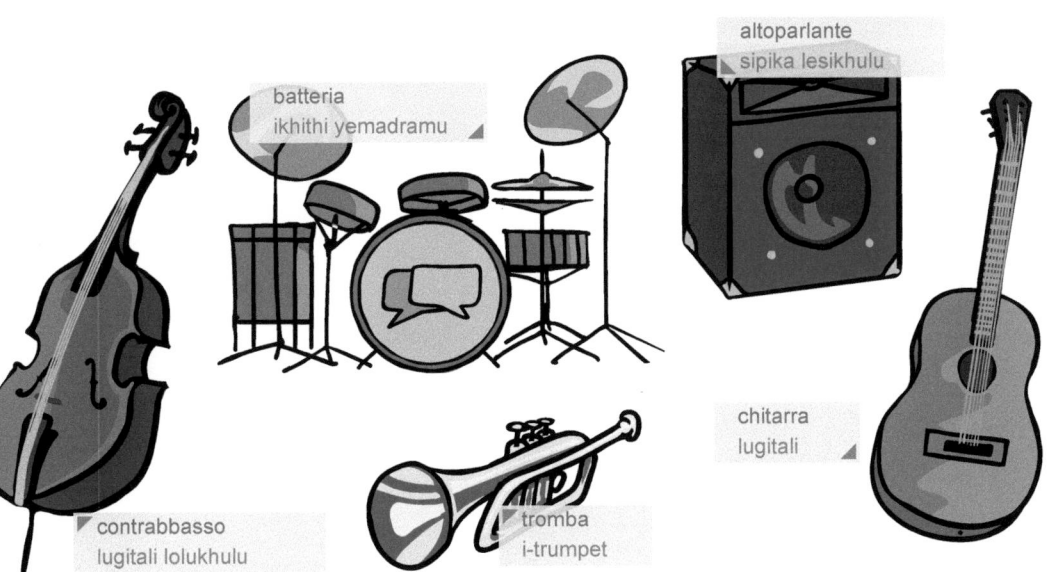

- batteria / ikhithi yemadramu
- altoparlante / sipika lesikhulu
- chitarra / lugitali
- contrabbasso / lugitali lolukhulu
- tromba / i-trumpet

pianoforte
i-piano

violino
ivayolini

basso
ibhesi

timpano
i-timpani

tamburo
emadramu

tastiera
i-keyboard

sassofono
i-saxohone

flauto
ifluthi

microfono
umbhobho

strumenti musicali - insimbi yemculo

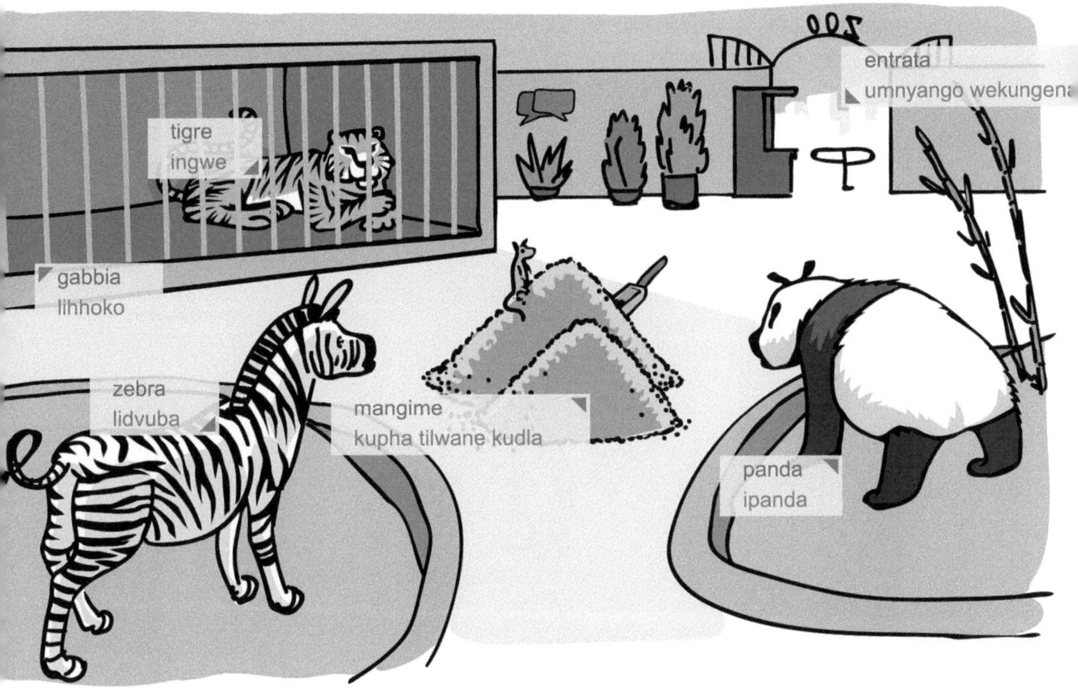

ZOO
i-zoo

- entrata — umnyango wekungena
- tigre — ingwe
- gabbia — lihhoko
- zebra — lidvuba
- mangime — kupha tilwane kudla
- panda — ipanda

animali
tilwane

elefante
indlovu

canguro
ikangaru

rinoceronte
bhejane

gorilla
igorila

orso
libhele

zoo - i-zoo

cammello

likamela

struzzo

i-ostrishi

leone

libhubesi

scimmia

imfene

fenicottero

i-flamingo

pappagallo

iparoti

orso polare

libhele

pinguino

iphejini

squalo

shaka

pavone

iphigogo

serpente

inyoka

coccodrillo

ingwenya

guardiano

umgcini tilwane

foca

isili

giaguaro

i-jaguar

zoo - i-zoo

pony
poni

leopardo
ingwe

ippopotamo
imvubu

giraffa
indlulamitsi

aquila
lusweti

cinghiale
ingulube yesiganga

pesce
imfishi

tartaruga
lifundvu

tricheco
i-warasi

volpe
jakalazi

gazzella
inyamatane

sport
temidlalo

football americano
libhola letinyawo laseMelika

ciclismo
umdlalo wemabhayisikili

tennis
itenesi

pallacanestro
i-basketball

nuoto
kududa

pugilato
umdlalo wetibhakela

hockey su ghiaccio
umdlalo waselichweni

calcio
libhola letinyawo

badminton
i-badminton

atletica leggera
tingijimi

palla a mano
libhola letandla

sciare
umdlalo wekuntjuza

polo
i-polo

sport - temidlalo

attività
imisebenti

saltare / gcuma
abbracciare / gona
ridere / hleka
camminare / hamba
cantare / hlabela
pregare / thantaza
baciare / cabuza
sognare / liphupho

scrivre
bhala

disegnare
tsatsa

mostrare
khombisa

spingere
fuca

dare
nika

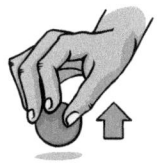

prendere
tsatsa

avere
tsatsa

fare
yenta

essere
be

stare (in piedi)
sukuma

correre
gijima

tirare
dvonsa

gettare
jika

cadere
wani

sdraiarsi
cala emanga

aspettare
mani

portate
tsatsa

sedere
hlala

vestirsi
yembatsa

dormire
lala

svegliarsi
vuka

attività - imisebenti

guardare
buka

piangere
khala

accarezzare
shaya

pettinare
kama

parlare
khuluma

capire
condza

domandare
buta

ascoltare
lalela

bere
natsa

mangiare
dlani

riordinare
gcogca

amare
tsandza

cucinare
pheka

guidare
shayela

volare
ndiza

attività - imisebenti

veleggiare
ntjuza

calcolare
bala

leggere
fundza

imparare
fundza

lavorare
sebenta

sposare
shada

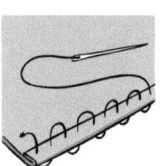
cucire
tfunga

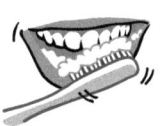
lavarsi i denti
kugeza ematinyo

uccidere
bulala

fumare
bhema

spedire
tfumela

attività - imisebenti

famiglia
umndeni

nonna / gogo
bebè / umntfwana
nonno / mkhulu
madre / make
padre / babe
figlia / indvodzakati
figlio / indvodzana

ospite
sivakashi

zia
anti

zio
malume

fratello
umnaketfu

sorella
sisi

corpo
umtimba

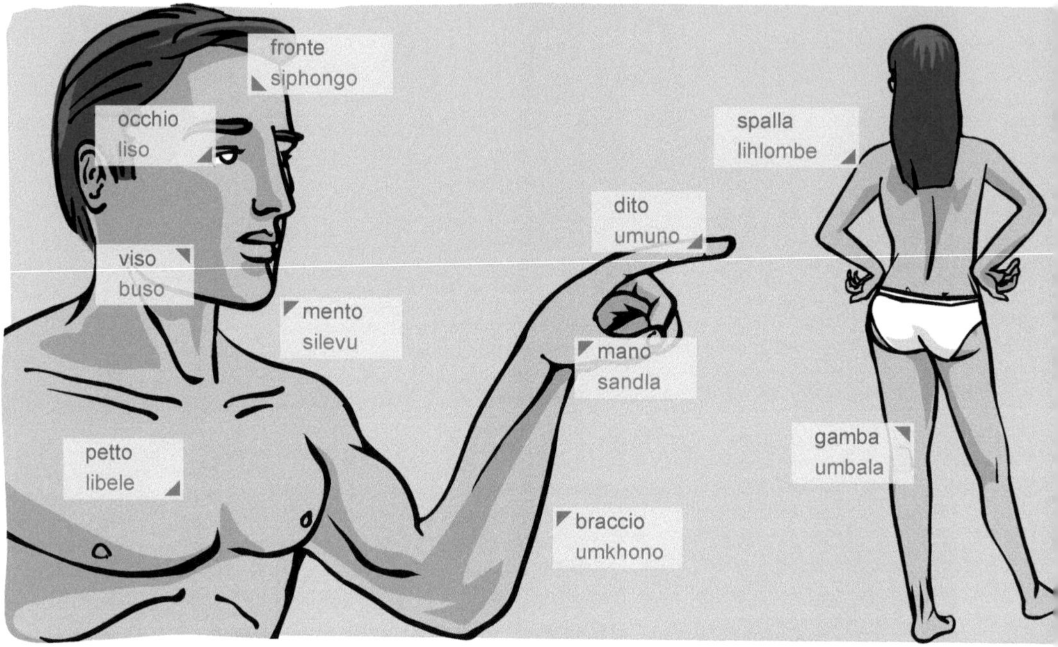

fronte
siphongo

occhio
liso

spalla
lihlombe

dito
umuno

viso
buso

mento
silevu

mano
sandla

petto
libele

gamba
umbala

braccio
umkhono

bebè
umntfwana

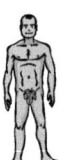

uomo
indvodza

signora
umfati

ragazza
intfombatane

ragazzo
umfana

testa
inhloko

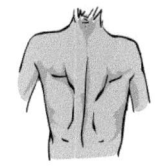

schiena
emuva

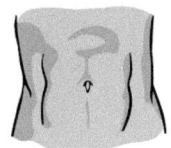

addome
umkhatjana

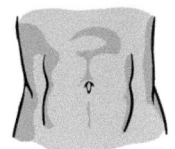

ombelico
sibhono

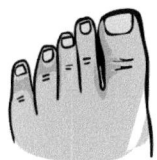

dito del piede
luzwane

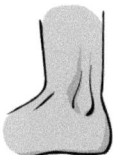

tallone
sitsendze

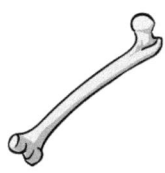

ossa
litsambo

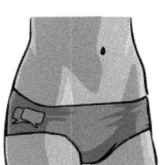

anca
litsanga

ginocchio
lidvolo

gomito
ingcosa

naso
imphumulo

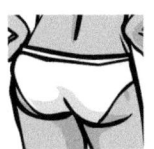

sedere
entansi

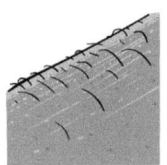

pelle
sikhumba

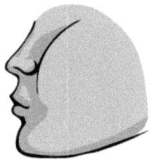

guancia
sihlatsi

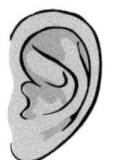

orecchio
indlebe

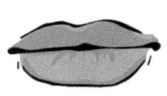

labbra
indzebe

corpo - umtimba

bocca
umlomo

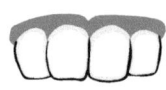

dente
litinyo

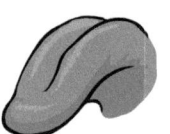

lingua
lilimi

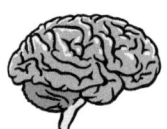

cervello
bucopho

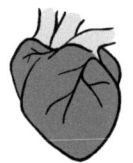

cuore
inhlitiyo

muscolo
umsipha

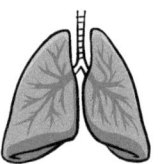

polmone
liphaphu

fegato
sibindzi

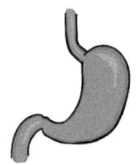

stomaco
sisu

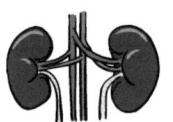

reni
tinso

rapporto sessuale
kulalana

preservativo
lijazi lemkhwenyana

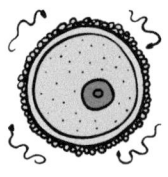

ovulo
licandza lentalo

sperma
sidvodza

gravidanza
kukhulelwa

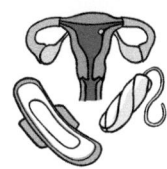

mestruazioni
kuya esikhatsini

vagina
ligolo

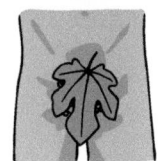

pene
umpipi

sopracciglio
inkhophe

capelli
lunwele

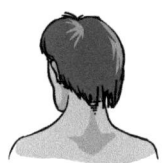

collo
intsamo

corpo - umtimba

ospedale
sibhedlela

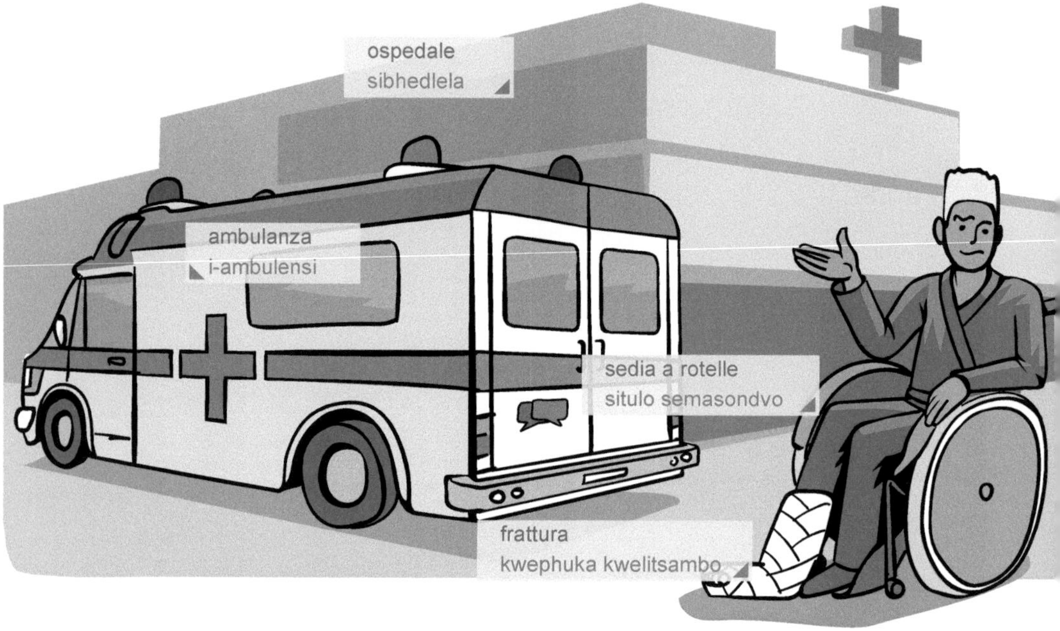

ospedale
sibhedlela

ambulanza
i-ambulensi

sedia a rotelle
situlo semasondvo

frattura
kwephuka kwelitsambo

medico

dokotela

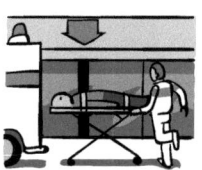

pronto soccorso

ligumbi letimo
letiphutfumako

infermiera

nesi

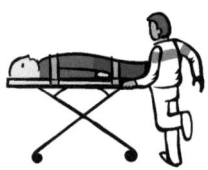

emergenza

simo lesiphutfumako

svenuto

kucaleka

dolore

buhlungu

ferita
kulimala

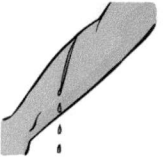

ferita
kopha

infarto cardiaco
kuhlaselwa sifo senhlitiyo

ictus
kufa luhlangotsi

allergia
i-aleji

tosse
kukhwehlela

febbre
kushisa

influenza
umkhuhlane

diarrea
kusheka

mal di testa
kubulawa yinhloko

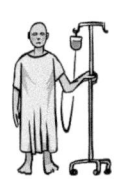

cancro
umdlavuza

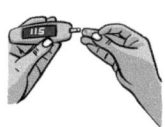

diabete
kuba nashukela

chirurgo
dokotela

bisturi
umukhwa wekusika wabodokotela

operazione
kusikwa

ospedale - sibhedlela

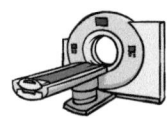

tomografia

i-CT

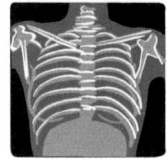

raggi x

i-x ray

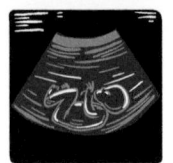

ecografia

umsindvo

mascherina

sifonyo

malattia

sifo

sala d'attesa

ligumbi lekulindza

stampelle

indvuku yekuhamba

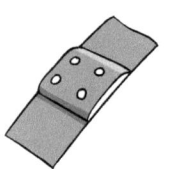

cerotto

i-plaster

bendaggio

ibhandishi

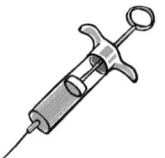

iniezione

umjovo

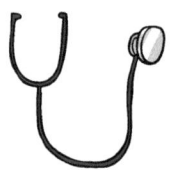

stetoscopio

lithulusi labodokotela lekulalela inhlitiyo

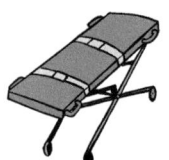

barella

luhlaka

termometro

kwekuhlola lizinga lemuntfu lekushisa

nascita

kutalwa

sovrappeso

kunona kakhulu

ospedale - sibhedlela

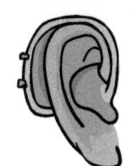
apparecchio acustico
insita tekuva etindlebeni

disinfettante
sibulali magciwane

infezione
kwesuleleka ngesifo

virus
ligciwane

HIV / AIDS
i-HIV / AIDS

medicina
umutsi

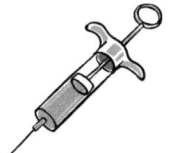
vaccino
kugoma

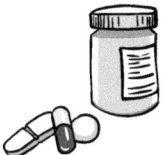
pastiglia
emaphilisi

pillola
liphilisi

chiamata d'emegenza
lucingo loluphutfumako

misuratore di pressione
sicaphi semfutfo wengati

malato / sano
gula / umcemane

ospedale - sibhedlela

emergenza
simo lesiphutfumako

Aiuto!	allarme	aggressione
Lusito!	i-alamu	kuhlukumeta
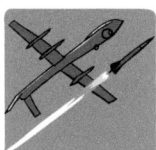		
attacco	pericolo	uscita d'emergenza
kuhlasela	ingoti	umnyango wekuphuma nakuphutfuma

fuoco!	estintore	incidente
Umlilo	sicishamlilo	ingoti
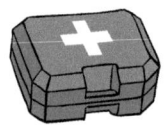		
kit di primo soccorso	SOS	polizia
ikhidi yelusito lwekucala	SOS	emaphoyisa

terra
Umhlaba

Europa

i-Europe

Nord America

iNyakatfo YeMelika

Sud America

iNingizimu YeMelika

Africa

i-Afrika

Asia

i-Asia

Australia

i-Australia

Atlantico

i-Atlantic

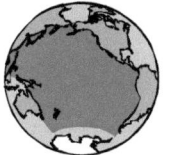

Pacifico

i-Pacific

Ocenao indiano

i-Idian Ocean

Oceano antartico

i-Antarctic Ocean

Oceano artico

i-Arctic Ocean

Polo nord

Ligumbi laseNyakatfo

Polo sud

Ligumbi laseNingizimu

Antartico

iAntarctica

terra

Umhlaba

paese

indzawo

Mare

lwandle

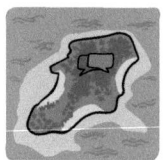

isola

sichingi

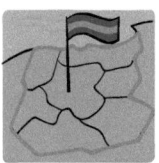

nazione

sive

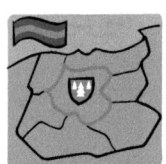

stato

umbuso

orologio
liwashi

quadrante

buso beliwashi

lancetta delle ore

li-awa

lancetta dei minuti

imizuzu

lancetta dei secondi

imizuzwana

Che ore sono?

sikhatsi sini nyalo?

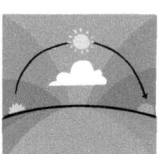

giorno

lusuku

tempo

sikhatsi

ora

nyalo

orologio digitale

liwashi lesimanjemanje

minuto

umzuzu

ore

li-awa

orologio - liwashi

settimana
liviki

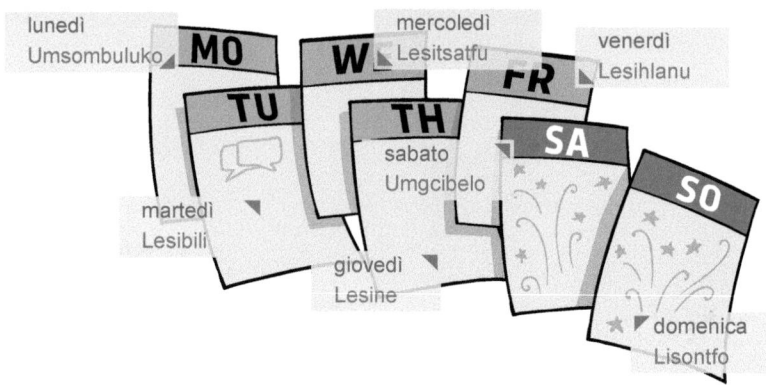

lunedì
Umsombuluko

mercoledì
Lesitsatfu

venerdì
Lesihlanu

sabato
Umgcibelo

martedì
Lesibili

giovedì
Lesine

domenica
Lisontfo

ieri
itolo

oggi
lamuhla

domani
kusasa

mattino
ekuseni

mezzogiorno
emini

sera
entsambama

gioni feriali
emalanga emsebenti

fine settimana
imphelasontfo

anno
umnyaka

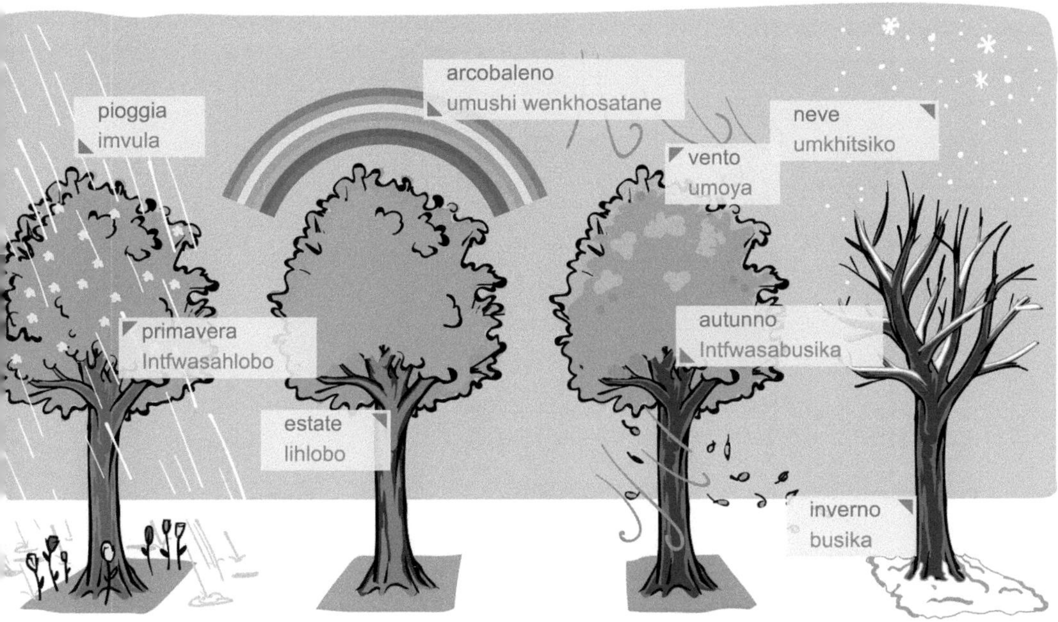

pioggia
imvula
arcobaleno
umushi wenkhosatane
neve
umkhitsiko
vento
umoya
primavera
Intfwasahlobo
autunno
Intfwasabusika
estate
lihlobo
inverno
busika

4.APRIL 11°
5.APRIL 4°
6.APRIL 13°
7.APRIL 8°
8.APRIL 10°

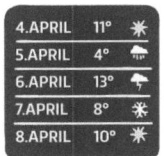

previsioni del tempo

simo selitulo

F
C
120
90
60
30
0
-30
40
30
20
10
0
-10
-20

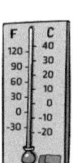

termometro

kwekuhlola lizinga lekushisa

raggio di sole

kubalela

nuvola

emafu

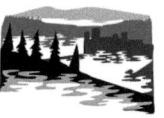

nebbia

inkhungu

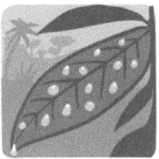

umidità

umswakamo

lampo
umbane

tuono
umbane

tempesta
kudvuma lobunebungoti

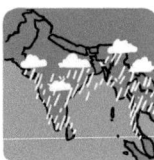

grandine
sangcotfo

monsone
inyeti

marea
tikhukhula

ghiaccio
lichwa

gennaio
Bhimbidvwane

febbraio
Indlovana

marzo
Indlovulenkhulu

aprile
Mabasa

maggio
Inkhwenkhweti

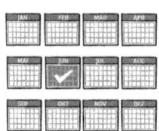

giugno
Inhlaba

luglio
Kholwane

agosto
Ingci

anno - umnyaka

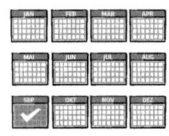
settembre
....
Inyoni

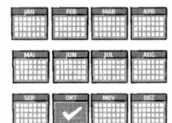
ottobre
....
Imphala

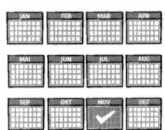
novembre
....
Lweti

dicembre
....
Ingongoni

forme
kubumbeka kwetintfo

cerchio
....
indingiliza

quadrato
....
sikwele

rettangolo
....
umdvwebo lonetinhlangotsi letindze letilinganako

triangolo
....
ncantsatfu

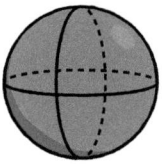
sfera
....
i-sphere

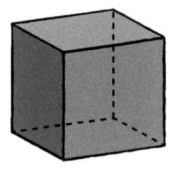
cubo
....
ikhiyubhu

forme - kubumbeka kwetintfo

colori
imibala

bianco

kumhlophe

giallo

phuti

orancione

sheli

fucsia

kupinki

rosso

kubovu

lilla

kunsomi

blu

luhlata

verde

luhlata njengetjani

marrone

loku-brown

grigio

mtfubi

nero

mnyama

contrari
lokwehlukile

molto / poco

kunyenti / kuncane

arrabbiato / tranquillo

kutfukutsela / kwehlisa umoya

bello / brutto

buhle / bubi

inizio / fine

sicalo / siphetfo

grande / piccolo

bukhulu / buncane

chiaro / scuro

kukhanya / bumnyama

fratello / sorella

bhuti / sisi

pulito / sporco

kuhloba / kungcola

completo / incompleto

kuphelela / kungapheleli

giorno / notte

imi / busuku

morto / vivo

kufa / kuphila

largo / stretto

kubanti / kuncane

commestibile / immangiabile

lokudliwako / lokungadliwa

cattivo / buono

inhlitiyo lembi / umusa

eccitato / annoiato

kutsakasa / kudvumala

grasso / magro

sidudla / umcondvo

primo / ultimo

kwekucala / kwekugcina

amico / nemico

umngani / sitsa

pieno / vuoto

kugcwala / kute lutfo

duro / morbido

kucina / kutsamba

pesante / leggero

kusindza / kulula

fame / sete

kulamba / koma

malato / sano

gula / umcemane

illegale / legale

kungabi semtsetfweni / kuba semtsetfweni

intelligente / stupido

kuhlakanipha / bulima

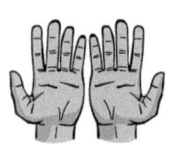

sinistra / destra

sencele / sekudla

vicino / lontano

dvutane / khashane

contrari - lokwehlukile

nuovo / usato
lokusha / lokudzala

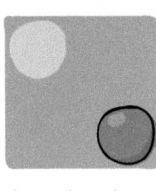
niente / qualcosa
kute lutfo / kunalokutsite

vecchio / giovane
budzala / busha

acceso / spento
kuyasebenta / akusebenti

aperto / chiuso
kuvulekile / kuvalekile

silenzioso / rumoroso
kuthula / umsindvo

ricco / povero
kunjinga / kuphuya

giusto / sbagliato
kulungile / akukalungi

ruvido / liscio
kuyahhedla / kuyashelela

triste / felice
kuva buhlungu / kujabula

corto / lungo
kufishane / kudze

lento / veloce
kunwabuka / kushesha

bagnato / asciutto
kumanti / komile

caldo / fresco
kufutfumele / kusivuvu

guerra / pace
imphi / kuthula

contrari - lokwehlukile

numeri
tinombolo

0 zero — indilinga

1 uno — kunye

2 due — kubili

3 tre — kutsatfu

4 quattro — kune

5 cinque — sihlanu

6 sei — sitfupha

7 sette — sikhombisa

8 otto — siphohlongo

9 nove — yimfica

10 dieci — lishumi

11 undici — lishumi nakunye

12
dodici
lishumi nakubili

13
tredici
lishumi nakutsatfu

14
quattordici
lishumi nakune

15
quindici
lishumi nesihlanu

16
sedici
lishumi nesitfupha

17
diciassette
lishumi nesikhombisa

18
diciotto
lishumi nesiphohlongo

19
diciannove
lishumi nemfica

20
venti
emashumi lamabili

100
cento
likhulu

1.000
mille
inkhulungwane

1.000.000
milione
sigidzi

numeri - tinombolo

lingue
tilwimi

Inglese

Singisi

Inglese americano

Singisi saseMelika

Cinese mandarino

SiMandarini seseShayina

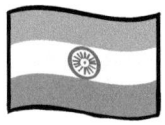

Hindi

SiHindi

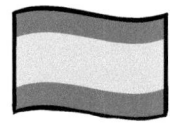

Spagnolo

Sipanishi

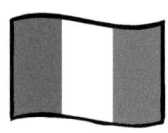

Francese

SiFulentji

Arabo

Si-Arabu

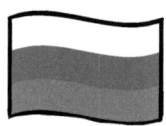

Russo

SiRashiya

Portoghese

SiPhuthukezi

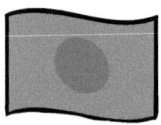

Bengalese

SiBhengali

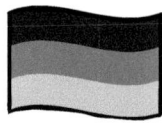

Tedesco

SiJalimane

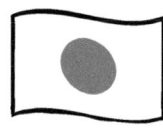

Giapponese

SiJapane

chi / cosa / come
ngubani / ini / njani

io
Mine

tu
wena

lui /lei
yena / yona

noi
tsine

voi
nine

loro
bona

chi?
bani?

cosa?
ini?

come?
njani?

dove?
kuphi?

quando?
nini?

nome
libito

dove
kuphi

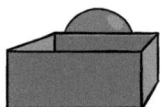

dietro

ngemuva

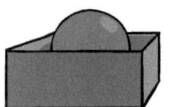

in

ekhatsi

davanti

embi kwe

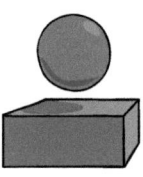

oltre

ngenhla

sopra

etulu

sotto

ngephansi

accanto

eceleni

fra

emkhatsini

località

indzawo